Andreas Mayr

Die Erstellung einer Gemeindeordnung des idealen Stadtstaates im Werk 'Nomoi' des Philosophen Platon in Analogie zu der Gemeindeordnung für den Freistaat Bayern im Hinblick auf Struktur, Aufgaben und Organe der Gemeinde

Andreas Mayr

Die Erstellung einer Gemeindeordnung des idealen Stadtstaates im Werk 'Nomoi' des Philosophen Platon in Analogie zu der Gemeindeordnung für den Freistaat Bayern im Hinblick auf Struktur, Aufgaben und Organe der Gemeinde

Die Erstellung einer Gemeindeordnung des idealen Stadtstaates im Werk 'Nomoi' des Philosophen Platon in Analogie zu der Gemeindeordnung für den Freistaat Bayern im Hinblick auf Struktur, Aufgaben und Organe der Gemeinde

Von

Andreas Mayr

Bibliografische Information der Deutschen Nationalbibliothek:
Die Deutsche Nationalbibliothek verzeichnet diese Publikation
in der Deutschen Nationalbibliografie; detaillierte
bibliografische Daten sind im Internet über http://dnb.dnb.de
abrufbar.

Lektorat: Galina Mayr und Michaela Fritz
Korrektorat: Galina Mayr und Michaela Fritz

Herstellung und Verlag: BoD – Books on Demand,
Norderstedt

ISBN: 978-3-7504-3225-3

Inhaltsverzeichnis

1.   Einleitung

Das letzte und bei Weitem umfangreichste Werk des Philosophen Platon trägt den Titel 'Nomoi', was übersetzt 'Gesetze' bedeutet. Die Nomoi sind dabei nichts anderes als eine Anleitung zur bestmöglichen Errichtung eines Stadt-Staates.[1] Wie schon zuvor im Werk 'Politikos', 'Der Staatsmann', baut Platon dabei auf das Gesetz als praxisnäherer Möglichkeit zur Errichtung eines idealen Staatswesens als die in seinem Werk 'Politeia', 'Der Staat', offen propagierte Philosophenherrschaft, in der alle politischen sowie verwaltungstechnischen Fragen und gerichtlichen Streitigkeiten von einem Gremium weiser Männer in Einzelfallbetrachtung geklärt werden sollten. Er entwirft in den Nomoi einen ganzen Gesetzeskatalog, um aufzuzeigen, wie die Gründung einer Stadt bestmöglich zu bewerkstelligen ist, wie sie strukturiert sein soll, welche Aufgaben das Gemeinwesen zu erfüllen hat, welche Organe und Beamte einzusetzen sind und welche politische Bedeutung diese haben sollen.

Die vorliegende Abhandlung nimmt diesen Gesetzeskatalog der Nomoi genauer in den Blick. Und zwar auf höchst anachronistische Art und Weise. Sie macht es sich zur Aufgabe, die gesetzlichen Vorgaben der Nomoi mit denen eines modernen Gesetzes ins Verhältnis zu setzen, nämlich der Gemeindeordnung für den Freistaat Bayern. Dabei wird auf die drei Merkmale Struktur, Aufgaben und Organe der Gemeinde abgestellt. Im Wesentlichen sind dies die gesetzlichen Regelungen des Ersten Teils der

---

[1]   Vergleiche Ottmann, Von Platon bis zum Hellenismus, S.90.

Gemeindeordnung, welcher das *Wesen und Aufgaben der Gemeinde* beinhaltet, sowie des Zweiten Teils, wo es um die *Verfassung und Verwaltung der Gemeinde* geht. Grundsätzlich außen vor bleiben der Dritte Teil der Gemeindeordnung zur *Gemeindewirtschaft*, der Vierte Teil über *Staatliche Aufsicht und Rechtsmittel* sowie der Fünfte Teil mit den *Übergangs- und Schlussvorschriften*, aus welchen lediglich einzelne Aspekte wie die Rechtsaufsicht oder die Einwohnerzahl Eingang in diese Arbeit finden.

Erstes Ziel ist dabei, mittels Text- und Gesetzesanalyse, die Unterschiede, Parallelen und Eigenheiten der Gesetzgebung des antiken Philosophen aus dem vierten Jahrhundert vor Christus im Verhältnis zum modernen Gesetz der Bayerischen Gemeindeordnung herauszuarbeiten. Als wichtige Vokabel erweist sich dabei 'sinngemäß'. Da der Platonische Stadt-Staat ein Staat an sich ist und seinerseits nicht eingebettet in ein übergeordnetes Staatswesen, hat beispielsweise der Begriff 'Gemeindegebiet' eben nichts mit rechtlicher Abgrenzung zu tun. Stattdessen fällt unter den Begriff 'Gemeindegebiet' im Sinne Platons eine Beschreibung für die optimale topographische Lage. Auf gleiche Weise werden auch die anderen einschlägigen Artikel der Bayerischen Gemeindeordnung mit den Vorstellungen Platons ins Verhältnis gesetzt.

Zweites Ziel ist es dann, diese herausgearbeiteten Merkmale tatsächlich auch prägnant in Gesetzesform analog zur Bayerischen Gemeindeordnung zu formulieren. Dabei ist es nicht das Ansinnen, absolut einwandfreie, in jeder Hinsicht juristisch untadelige und jeder gerichtlichen Überprüfung standhaltende Normen zu produzieren. Stattdessen wird versucht, einen Mittelweg aus Platons teils blumigen und ausschweifenden Worten und der Sprech- und Schreibweise der Bayerischen Gemeindeordnung zu beschreiten. Eine solche Reduzierung der Ausführungen Platons zum idealen Gemeinwesen im ersten Abschnitt des Hauptteils auf ihren materiellen Kerngehalt im zweiten Teil des Hauptteils trägt entscheidend zum besseren Verständnis bei. Eine solche Darstellung in Gesetzesform verdeutlicht für uns moderne Leser Platons über 2.300 Jahre alten Vorstellungen zu einem ideal eingerichteten Gesetzes-Staat und macht deren vielerlei vorhandene Gemeinsamkeiten mit dem modernen Gesetz Bayerische Gemeindeordnung sowie deren Eigenheiten für uns bildhaft.

2. Die Gemeindeordnung des Stadt-Staates in Platons Werk 'Nomoi', verglichen mit der Bayerischen Gemeindeordnung im Hinblick auf Struktur, Aufgaben und Organe der Gemeinde

Betrachtet man die einzelnen Abschnitte des Ersten und Zweiten Teils der Bayerischen Gemeindeordnung (GO), so sticht ins Auge, dass bis auf den 1. Abschnitt des Ersten Teils - Begriff, Benennung und Hoheitszeichen - alle anderen Abschnitte von der Thematik dieser Arbeit erfasst werden. Da sich Platon seinerseits aber auch nicht explizit zu den im 1. Abschnitt der GO behandelten Thematiken äußert, ist dieser Umstand durchaus zu vernachlässigen. Lediglich zum Begriff Gemeinde, sinngemäß bei Platon Stadt-Staat, ließe sich aus seinen Äußerungen schließen, dass das familiäre Patriarchat der Ursprung aller staatlichen Gemeinschaft ist. Aus Gründen ökonomischer Erleichterung bei der Landwirtschaft schließen sich mit der Zeit einzelne Familienverbände zusammen und errichten Mauern um ihre Behausungen zum Schutze vor wilden Tieren. Je mehr Familienverbände sich so zusammenschließen, desto wahrscheinlicher wird es, dass sie untereinander Stellvertreter wählen, die sich um die Belange des Gesamtverbandes kümmern.[2]

2.1 Struktur des Stadt-Staates

Die Abschnitte der GO die sich mit der Struktur der Gemeinde beschäftigen, sind im Ersten Teil der GO zu finden, in welchem das *Wesen und die Aufgaben der Gemeinde* definiert werden. Es sind dies der 3. Abschnitt zu *Gemeindegebiet* und *Gemeindefreie Gebiete*, sowie der 4. Abschnitt über *Rechte und Pflichten der Gemeindeangehörigen*. Nicht zu vergessen auch der 4. Abschnitt *Stadtbezirke und Gemeindeteile* im Zweiten Teil der GO über die *Verfassung und Verwaltung der Gemeinde*.

Wie bereits erwähnt, ist der Platonische Stadt-Staat ein Staat an sich und seinerseits nicht eingebettet in ein übergeordnetes Staatswesen. Somit kann es auch keine Gemeindefreien Gebiete und damit zusammenhängende Normen im Sinne der GO geben. Die Artikel Gemeindefreie Gebiete (Art. 10a GO), Änderungen (Art. 11 GO), Zuständige Behörde; Fortgeltung des Ortsrechts (Art. 12 GO), Weitere Folgen der Änderungen (Art. 13 GO) und Bekanntmachung; Gebühren (Art. 14 GO) finden somit keine Entsprechung in Platons Gedanken zum idealen Stadt-Staat.

---

[2] Siehe Platon, Gesetze 680, S. 80f.

2.1.1   Parallelen zur Bayerischen Gemeindeordnung

Zwar ist der Artikel 10 der GO zu Gemeindegebiet und Bestandsgarantie nicht sinngemäß bei Platon zu finden, jedoch macht er ziemlich genaue Angaben zur topographischen Beschaffenheit des Gemeindegebiets des idealen Stadt-Staates.[3] So soll sie in ausreichender Entfernung vom Meer gelegen sein, die umgebende Landschaft soll alles Nötige hervorbringen, jedoch auch keinen Überfluss an Gütern verursachen und keine andere Stadt soll in der näheren Umgebung angesiedelt sein. Ein Wert von 80 Stadien[4] Entfernung vom Meer erscheint Platon eher als zu gering, zumindest wenn die Küste gute natürliche Hafenplätze bietet. Eine Seestadt nämlich oder auch eine Stadt, die mit anderen Handel treibt, da sie entweder sich selbst nicht autark versorgen kann oder Waren überschüssig hat, öffnet *"der Geldgier Tür und Tor, erzeugt in den Seelen eine Empfänglichkeit für trügerische und unzuverlässige Sinnesart und lässt in der Bürgerschaft den Geist der Treue und der Freundschaft gegen sich selbst schwinden und ebenso gegen die übrigen Menschen".*[5] Zudem soll die Stadt möglichst in der Mitte des ganzen Landes liegen und in zwölf Teile, sogenannte Phylen[6], unterteilt werden, was eine

---

[3]   Siehe Platon, Gesetze 704f S. 114ff.

[4]   Wegemaß, ursprünglich wohl der Weg, der in zwei Minuten zurückgelegt werden konnte. Stark variierend. Ein Stadion in Olympia maß 192,3 Meter. Vergleiche 'Stadion', in: Der Kleine Pauly, Band 5, S. 336.

[5]   Platon, Gesetze 705, S. 115.

[6]   Phyle ist ein Begriff zur personalen und lokalen Gliederung der einzelnen Stadtstaaten (»Abteilung« bzw. »Bezirk«). Vergleiche 'Phyle', in: Der Kleine Pauly, Band 4, S. 835.

weitere Parallele zu Artikel 60 der GO darstellt, wo es um die Einteilung in Stadtbezirke geht. Gleichwertigkeit wird dadurch erreicht, dass diejenigen mit gutem Boden kleiner, die mit schlechtem Boden größer bemessen werden. Aus diesen zwölf Phylen werden nun 5.040 Landlose bestimmt und zwar ihrerseits so, dass diese noch einmal zweigeteilt werden und dann zusammengesetzt aus einem stadtnahen und einem stadtfernen Gebiet ein Landlos ausmachen.[7] Zudem sollen die zwölf Phylen weiter in sogenannte Phratrien[8], Demen[9] und Komen[10] unterteilt werden.

Eine dritte Parallele findet sich in Bezug auf den 4. Abschnitt des Ersten Teils der GO, Rechte und Pflichten der Gemeindeangehörigen. Einwohner des idealen Stadt-Staates sind die Bürger, Metöken[11] und Sklaven. Als Bürger werden alle in der Stadt geborenen Freien bezeichnet, die ihren Wehrdienst bereits geleistet haben oder gerade leisten.[12] Diesen Bürgern steht dann auch das aktive wie passive

---

[7]   Siehe Platon, Gesetze 745, S. 170.

[8]   Eine Phratrie ist der Zusammenschluss ursprünglich wohl tatsächlich verwandter Menschen zu einer »Bruderschaft«. Aus der Ilias ergibt sich die Einwurzelung der Phratrie als Unterabteilung der Phyle. Vergleiche 'Phratrie', in: Der Kleine Pauly, Band 4, S. 819f.

[9]   Ursprünglich zusammen angesiedelte Sippen, dann die Dorfgemeinden als kleinere Verwaltungseinheiten unter einer Polis als Verwaltungsmittelpunkt. Vergleiche 'Demoi', in: Der Kleine Pauly, Band 1, S. 1474ff.

[10] Politisch untergeordnete Dorfsiedlung oder Stadtunterteil. Die unterste Verwaltungseinheit. Vergleiche 'Kome', in: Der Kleine Pauly, Band 3, S. 279f.

[11] »Mitbewohner«, heißen in Athen die ständig dort ansässigen Fremden, die jedoch keine politischen Rechte besitzen. Vergleiche 'Metoikoi', in: Der Kleine Pauly, Band 3, S. 1276ff.

[12] Siehe Platon, Gesetze 753, S. 175.

Wahlrecht zu. Geradezu revolutionär für die damalige Zeit ist dabei die Forderung nach der Gleichheit der Rechte und Pflichten von Mann und Frau.[13] Platon setzt lediglich unterschiedliche Altersgrenzen für den Kriegsdienst und für die Befähigung zum Bekleiden der Ämter. So sollen Männer im Zeitraum vom 20. bis zum 60. Lebensjahr zum Kriegsdienst herangezogen werden, Frauen vom 30. bis zum 50. Lebensjahr. Männer dürfen politische Ämter ab 30 Jahren bekleiden, Frauen erst ab 40 Jahren. Zudem ist der Besitz der noch zu besprechenden Landlose den Männern vorbehalten.

Der Eintritt in den Metökenstand steht einem jeden Auswärtigen frei, solange er sich den herrschenden Gesetzen verpflichtet fühlt.[14] Ein Aufenthalt als Metöke soll grundsätzlich auf 20 Jahre begrenzt sein. Ihnen steht weder das aktive noch das passive Wahlrecht zu. Eine Verlängerung oder auch eine Bleibeerlaubnis auf Lebenszeit soll bei bedeutenden Verdiensten für die Stadt möglich sein. Für die Kinder der Metöken gelten die gleichen Regeln ab dem 15. Lebensjahr. Sklaven[15] sind auch aus Platons idealem Stadt-Staat nicht wegzudenken. Gerade im Gegenteil ermöglichen sie den Bürgern frei von täglicher Erwerbsarbeit zu sein und sich so ganz und gar der Vervollkommnung ihrer Tugend und der unentgeltlichen politischen Betätigung für den Stadt-Staat widmen zu können. Sklaven genießen ihrerseits keinerlei politische oder ökonomische Rechte.

---

[13] Siehe Platon, Gesetze 785, S. 222.
[14] Siehe Platon, Gesetze 852, S. 350.
[15] Zur vielschichtigen und nicht abschließend geklärten Bedeutung der Sklaven vergleiche 'Sklaverei', in: Der Kleine Pauly, Band 5, S. 230ff.

Bezüglich eines Ehrenbürgerrechts äußert sich Platon zwar nicht explizit, jedoch ist zum Beispiel bei der Besetzung des noch zu behandelnden Gremiums der Nächtlichen Versammlung die Rede davon, dass Bürger, die sich um den höchsten Tugendpreis der Stadt verdient gemacht haben, dieser Nächtlichen Versammlung angehören sollen.[16] Bezüglich der Artikel 18, 18a und 18b der GO, Mitberatungsrecht, Bürgerbegehren und Bürgerentscheid sowie Bürgerantrag, wird im Folgenden dann bei den Erläuterungen zum Organ der Volksversammlung genauer eingegangen werden. Da Platon zum einen, wie im Abschnitt über die strukturellen Eigenheiten zu lesen sein wird, ein System mit Mindestvermögen und Mindestauskommen für die Bürger seines Idealstaats anstrebt, zum anderen politisch aktives Handeln grundsätzlich ehrenamtlich sein soll, gibt es bei ihm ganz bewusst kein Entschädigungssystem und auch keine Politikerdiäten. Vergleichbar mit einer Sorgfaltspflicht ist jedoch der Anspruch an die Amtsträger, dass diese ihr Amt nur zum Besten des Staates und des Gemeinwesens ausüben sollen, verbunden mit einer scharfen Eignungsprüfung vor Amtsantritt - Dokimasía [17] genannt - und anschließender Amtsführungskontrolle - Euthynai[18] genannt - die später noch genauer erläutert werden. Auch die Benutzung öffentlicher Einrichtungen findet seine Entsprechung in Platons idealem Stadt-Staat. Platon nennt diesbezüglich Marktplätze, Zierhaine - vergleichbar Parkanlagen - Turnhallen und vor allem warme Bäder, denen er auch eine weitaus heilsamere

---

[16]   Siehe Platon, Gesetze 951, S. 493.
[17]   Siehe 'Dokimasía', in: Der Kleine Pauly, Band 2, S. 113f.
[18]   Siehe 'Euthynai', in: Der Kleine Pauly, Band 2, S. 467.

Wirkung zuspricht als den Medizinern seiner Zeit.[19] Die Benutzung dieser Anlagen soll selbstverständlich auch im idealen Stadt-Staat allen Bürgern offen stehen.

2.1.2   Eigenheiten des Stadt-Staates

Die erste Eigenheit des Nomoi-Stadt-Staates besteht darin, dass Platon eine genaue Vorstellung über die Anzahl der Landparzellen hat, die jeweils einem Besitzer zugeordnet sind.[20] Die richtige Anzahl der Parzellen liegt bei 5.040[21] und ist laut Platon somit gerade groß genug, um die entsprechende Anzahl maßvoll lebender Bürger mit ihren Familien und Sklaven zu ernähren, andererseits auch groß genug, um sich gegen etwaige Angriffe von außen verteidigen zu können. Diese Anzahl soll durch erbrechtliche Vorgaben auch auf Dauer sichergestellt werden, indem jedes Landlos immer nur dem Lieblingssohn vererbt werden darf. Andere Söhne sollen auf Familien verteilt werden, die selbst keine Söhne haben, wirksame Maßnahmen zur Geburtenkontrolle oder auch Geburtensteigerung, falls nötig, sieht Platon in nicht näher ausgeführten staatlichen Auszeichnungen und Erniedrigungen. Und sollten alle Maßnahmen einen Überschuss an Bürgern nicht verhindern können, so solle man diese aussenden, um eine neue Kolonie zu gründen.[22]

---

[19] Siehe Platon, Gesetze 760-762, S. 187-189.
[20] Siehe Platon, Gesetze 737f, S. 159f.
[21] Platon ist grundsätzlich ein Freund der Zahlenmystik. So ist die hier begegnende Zahl von 5.040 deshalb so gewählt, weil sie, anders als die vergleichbare Größe von 5.000, durch alle Zahlen von 1 bis 10 teilbar ist.
[22] Siehe Platon, Gesetze 740f, S. 163f.

Eine weitere Eigenheit besteht in dem Gesetz, dass niemand Gold oder Silber besitzen darf. Zudem soll eine Regionalwährung eingeführt werden für den unvermeidlichen Umgang mit Handwerkern oder Tagelöhnern, die in anderen Städten jedoch wertlos ist.[23] Überhaupt soll die Bedeutung von Geld minimiert werden. So soll es keine Mitgift bei Hochzeiten geben und auch das Leihen und Verleihen von Geld gegen Zins ist verboten.[24]

Drittens muss es das Ziel des Stadt-Staates sein, Aufruhr und Spaltung durch drückende Armut oder übergroßen Reichtum zu verhindern.[25] Aus diesem Grund muss er für beides bestimmte Grenzen festlegen. Als Grenze für Armut wird der Wert eines Landloses bestimmt, das in seinem Bestand erhalten bleiben muss, um das sichere Auskommen des Besitzers, seiner Familie und auch dessen Sklaven zu garantieren. Nach oben hin ist der Erwerb des Doppelten, Dreifachen und Vierfachen dieses Wertes frei gegeben. Jeglicher Besitz mit Wert über die jeweilige Grenze hinaus ist als Steuer an den Staat abzuführen. Nach diesen Werten bestimmt sich auch die Zugehörigkeit zu einer der vier zu errichtenden Vermögensklassen, die Bedeutung haben für die Besetzung einiger politischer Ämter. Zudem soll durch das Mindestauskommen mittels eines von Sklaven bewirtschafteten Landloses sichergestellt sein, dass die bürgerlichen Familien sich nicht um ihren täglichen Lebensunterhalt zu sorgen brauchen und sich einzig ihrer geistigen Bildung und körperlichen Kräftigung sowie der

---

[23] Siehe Platon, Gesetze 742, S. 165.
[24] Siehe Platon, Gesetze 742, S. 166.
[25] Siehe Platon, Gesetze 744f, S. 169.

Vervollkommnung ihrer Tugendhaftigkeit widmen können und zwar ein Leben lang.[26]

2.2   Aufgaben des Stadt-Staates

Die Abschnitte der GO, welche die Aufgaben der Gemeinde beinhalten, sind im Ersten Teil beheimatet, wo das *Wesen und die Aufgaben der Gemeinde* definiert werden. Im Speziellen sind dies der 2. Abschnitt über die *Rechtsstellung* und den *Wirkungskreis* und auch der 5. Abschnitt über die *Gemeindehoheit.* Zusätzlich ist aber auch im Zweiten Teil der GO der 3. Abschnitt zu nennen, der sich mit den *Verwaltungsgrundsätzen* und den *Verwaltungsaufgaben* beschäftigt.

Wie bereits gezeigt, ist der Platonische Stadt-Staat ein Staat an sich und nicht seinerseits eingebunden in ein übergeordnetes Staatswesen. Daher finden logischerweise *Kreisangehörigkeit* und *Kreisfreiheit* (Art. 5 GO), *Eingliederung in den Landkreis; Große Kreisstadt* (Art. 5a GO), *Übertragene Angelegenheiten* (Art. 8 GO) und *Weitere Aufgaben der kreisfreien Gemeinden und Großen Kreisstädte* (Art. 9 GO) keine sinngemäße Entsprechung bei Platon. Gleiches gilt demzufolge auch für die Artikel zur *Geheimhaltung* (Art. 56a GO) und zu den *Aufgaben des übertragenen Wirkungskreises* (Art. 58 GO).

---

26 Siehe Platon, Gesetze 739f, S. 162.

2.2.1 Parallelen zur Bayerischen Gemeindeordnung

Parallelen zur GO finden sich zu *Allseitiger Wirkungskreis* (Art.6 GO), zu *Eigene Angelegenheiten* und *Aufgaben des eigenen Wirkungskreises* (Art. 7, 57 GO). Diese sind sinngemäß fast vollständig übertragbar auf Platons idealen Stadt-Staat. Gleiches gilt auch für die *Verwaltungs- und Finanzhoheit* (Art. 22 GO) sowie das *Ortsrecht* (Art. 23 GO). Die Artikel 24-28 der GO zu *Satzungen* und *Verfügungen* sind sinngemäß auf Platon anwendbar, insoweit man die Begriffe Satzungen und Verfügungen durch reguläre Gesetze ersetzt.

Die Betonung liegt bei diesen Parallelen selbstverständlich auf 'sinngemäß'. Dass der zu schaffende ideale Stadt-Staat seine eigene Hoheit in Sachen Gesetzgebung ist, liegt auf der Hand. Allerdings muss man sich die Situation folgendermaßen vorstellen: Der ideale Stadt-Staat erhält Rahmengesetze, gleichsam einer Verfassung, wobei diese sich auch auf viel konkretere Sachlagen beziehen als vergleichsweise das deutsche Grundgesetz, so zum Beispiel auf Ackergesetze und Regelungen zum Handwerk und über den Handel.[27] Diese Rahmengesetze sind dann im Folgenden so gut wie unveränderbar. Nur die nachfolgend zu besprechenden Gesetzeswächter dürfen diese Rahmengesetze dort, wo es im Laufe der Jahre zwingend nötig erscheint, noch im Detail ergänzen,[28] das Gremium der Nächtlichen Versammlung darf exklusiv Veränderungen an den ursprünglichen

---

[27] Siehe Platon, Gesetze 843ff, S. 340ff.
[28] Siehe Platon, Gesetze 770ff, S. 200ff.

Rahmengesetzen vornehmen.[29]

Insofern versteht es sich von selbst, dass dem Stadt-Staat die Erfüllung aller öffentlichen Aufgaben in seinem Gebiet zusteht, auch wenn Platon das so konkret nicht anspricht. Gleiches gilt für den eigenen Wirkungskreis und die damit verbundenen Aufgaben. Es gibt nur den eigenen Wirkungskreis (Art. 6 Abs.1 GO), alle Angelegenheiten und Aufgaben sind Angelegenheiten und Aufgaben der örtlichen Gemeinschaft (Art. 7 Abs. 1, Art. 57 Abs. 1 Satz 1 GO) und der ideale Stadt-Staat handelt durch seine Organe nach eigenem Ermessen (Art. 7 Abs. 2 Satz 1 GO). Beispielhaft für zu regelnden Bereiche lassen sich Aussagen Platons finden zur Schaffung von Gesetzen im Bereich Ackerbau, Handwerk, Handel, Häuserbau sowie die Sicherstellung der Wehrmauern der Stadt und eines intakten Straßennetzes, Brunnen, Dämme und Teiche für die nötige Wasserversorgung der Bürger und Äcker und ein Abwassersystem für Regen- und Brauchwasser.[30] Bei der in Punkt 2.4 zu erfolgenden Darstellung der Gemeindeordnung des Platonischen Stadt-Staates in Gesetzesform wird daher auf eine Aufnahme dem Wirkungskreis entsprechender Artikel verzichtet, da eben alle Aufgaben und Angelegenheiten solche des Stadt-Staates sind und somit eine Abgrenzung gegenüber einem übergeordneten Staatswesen nicht zu erfolgen braucht.

---

[29] Siehe Platon, Gesetze 952, S. 494.
[30] Siehe Platon, Gesetze 760-764, S. 187-192.

2.2.2   Eigenheiten des Stadt-Staates

Der große Unterschied zwischen der Verfassung des idealen Stadt-Staates Platons und der Bayerischen Gemeindeordnung besteht im Verfassungsgrundsatz der 'Eudaimonie', der Glückseligkeit des Stadt-Staates an sich und ebenso seiner Bürger.[31] Krieg und Aufruhr sind zu meiden und stattdessen der Friede untereinander und eine einträchtige Gesinnung anzustreben. Dabei verhält es sich mit dem Stadt-Staat wie mit dem Körper eines Menschen.[32] *"Wollte man, wenn er zur Heilung einer Krankheit einer ärztlichen Reinigung teilhaftig geworden ist, dies für den besten Zustand desselben halten, ohne zu beachten, dass es doch vor allem gelte den Körper in einer Verfassung zu erhalten, die ihm dergleichen Hilfe überhaupt entbehrlich macht. Ebenso verhält es sich nun auch mit dem Glück des Staates und des Einzelnen: wer, wo es sich um diese handelt, lediglich und an erster Stelle auf den auswärtigen Krieg Rücksicht nimmt, der wird niemals ein richtiger Staatsmann oder ein unfehlbarer Gesetzgeber werden."*[33] Es geht nämlich darum, *"wie ein Staat am besten eingerichtet werde und wie jeder Einzelne für sich sein Leben am besten gestalte."*[34]

Für das Individuum bedeutet das, dass die Gesetzgebung darauf ausgerichtet sein muss, ihm den Besitz der vollen Tugend zu ermöglichen. Diese Gesamttugend besteht aus den vier Einzeltugenden Weisheit, Mäßigung, Gerechtigkeit

---

[31]   Vergleiche Höffe, Analogie, S. 69ff.
[32]   Siehe Platon, Gesetze 628, S. 7.
[33]   Platon, Gesetze 628, S. 7.
[34]   Platon, Gesetze 702, S. 112f.

und Tapferkeit, *"die man sämtlich berücksichtigen müsse, am meisten aber die oberste Führerin der gesamten Tugend; das aber sei Vernunft und gesundes Urteil".*[35]

Zu diesem Zweck soll im neu zu gründenden Stadt-Staat zum einen die Erziehung eine zentrale Position einnehmen. Es wird ein umfangreiches System der Kleinkinder- und Jugendbetreuung und ein ausgeklügeltes Schulsystem geschaffen; dieses umfasst eine komplette Ausbildung in künstlerischen und sportlichen Dingen, verbunden mit Mathematik und Astronomie. Die Schulung soll durch körperliche Ertüchtigung der Mutter bereits im Mutterleib beginnen und alle Bürger sollen sich ihr ganzes Leben bis zu ihrem Tode um die Vervollkommnung der persönlichen Tugend kümmern.[36] Bis zum dritten Lebensjahr sollen Kinder frei jeglicher Bevormundung sein und sozusagen verhätschelt werden. Die eigentliche Erziehung[37], auch mittels nicht entehrender Strafen, beginnt dann ab dem dritten Lebensjahr. Aus Gründen der besseren Lernfähigkeit sollen Mädchen und Jungen dann ab dem sechsten Lebensjahr getrennt voneinander unterrichtet werden, jedoch denselben Lehrplan erhalten, auch und gerade in kriegerischen Übungen wie Reiten, Bogenschießen, Speerwerfen und Schleuderschießen. Lesen, Schön- und Schnellschreiben sowie eine Ausbildung in den musischen Künsten – hier sind Gesang sowie das Beherrschen von Instrumenten, aber auch literarische und dichterische Kenntnisse gemeint - sollen alle im Zeitraum vom zehnten bis zum sechzehnten Lebensjahr

---

[35] Platon, Gesetze 688, S. 92.
[36] Siehe Platon, Gesetze 788-822, S. 263-314.
[37] Siehe Platon, Gesetze 793-805, S. 270-290.

erhalten. Gleiches gilt für Grundrechenarten in Arithmetik und Geometrie sowie astronomische Grundkenntnisse.[38]

Zum anderen werden auch, wie oben bereits dargelegt, äußere Bedingungen geschaffen, die den Erwerb der Tugend begünstigen sollen. So wird zum Beispiel der Privatbesitz von Gold und Silber sowie der Geldverleih gegen Zins verboten, oder auch der Verkauf des Landloses und überhaupt das Verbot von Handel und Gewerbe für die Bürger des Stadt-Staates oder auch die Beschränkung der Höhe des Vermögens in der vierten Vermögensklasse auf das Vierfache der untersten Klasse.[39]

Für die Eudaimonie des gesamten Staates ist zu beachten, *"dass man nämlich durch Gesetzgebung keine Formen einer zu großen oder auch ungemischten Herrschergewalt schaffen darf, in Erwägung dessen, dass der Staat frei sein soll und von Einsicht durchdrungen und in sich selbst geeint, und dass dies eben die Zielpunkte sind, auf die der Gesetzgeber bei seinem Werke hinarbeiten muss."*[40] Die Freiheit im Staate wird dabei durch das Gesetz sichergestellt. Denn durch die Bindung an das Gesetz wird Amtsmissbrauch und Willkür der Exekutivorgane verhindert; zudem hat jeder Bürger das Recht, die Beamten nicht nur zu wählen, sondern sie, sollte es doch einmal nötig sein, auch anzuklagen und eine gerichtliche Verfolgung in Gang zu setzen.[41] Die Einsicht soll dadurch verwirklicht werden, dass die Gesetzgebung und

---

[38] Siehe Platon, Gesetze 817ff, S. 307-312.
[39] Vergleiche Schöpsdau, Nomoi, S. 121.
[40] Platon, Gesetze 693, S. 99.
[41] Siehe Platon, Gesetze 766-768, S. 194-198.

Erziehung überhaupt auf die Tugend hin orientiert sind, in welcher wiederum die Einsicht die Führung innehat.[42] Zudem auch dadurch, dass die höchsten Ämter allein den 'Besten' anvertraut werden sollen, deren Tugend die der anderen Bürger noch überragt.[43] Zum Zwecke der inneren Einheit schließlich richtet Platon in seinem Gesetzesstaat die bereits erwähnten vier Vermögensklassen ein. Reiche Bürger beanspruchen nämlich, an der Verteilung der politischen Ämter und der Ehren proportional zu ihrem Reichtum teilhaben zu können. *"Um ein dauerhaft friedliches Zusammenleben der reichen und der armen Bürger verwirklichen zu können, hält es Platon für erforderlich, diesen monetären Anspruch auf ungleiche politische Partizipation teilweise zu befriedigen."*[44]

Eine weitere Maßnahme, die Platon im Hinblick auf die innere Einheit des Staates ergreift, ist, dass er einen Ausgleich zwischen dem von ihm selbst definierten monarchischen Prinzip absoluter Ungleichheit und dem demokratischen Prinzip der absoluten Gleichheit zu schaffen sucht.[45] Da im zu gründenden Stadt-Staat die Tugend der alleinige Maßstab sein soll, müssen auch die Rechte und die Ehren der Bürger nach dem Grad ihrer Tugend abgestuft werden.[46] Zu diesem Zweck richtet er in seinem Gesetzesstaat ein zweistufiges Wahlverfahren für manche Posten ein. Durch die Wahl der Besten und Geeignetsten soll

---

[42] Siehe Platon, Gesetze 631, S. 11.
[43] Siehe Platon, Gesetze 689, S. 94f.
[44] Vergleiche: Knoll, Die distributive Gerechtigkeit, S. 17f.
[45] Siehe Platon, Gesetze 757, S. 182f.
[46] Siehe Platon, Gesetze 757, S. 183.

dabei dem monarchischen Prinzip, der Ungleichheit der Menschen, genüge getan werden; durch anschließende Losung aus den Vorgewählten findet das demokratische Prinzip der Gleichheit seine Anwendung.

2.3   Organe des Stadt-Staates

Den Organen der Gemeinde widmet sich die GO in ihrem Zweiten Teil zur *Verfassung und Verwaltung der Gemeinde*, nämlich im 1. Abschnitt zu *Gemeindeorgane und ihre Hilfskräfte* sowie im 2. Abschnitt zum *Geschäftsgang*. Die jeweiligen Regelungen zu Wahl und Geschäftsgang werden im Folgenden bei den entsprechenden Organen dargelegt. Die gleiche Verortung findet auch bei der unter 2.4 folgenden Darstellung der Gemeindeordnung des Platonischen Stadt-Staates in Gesetzesform Anwendung. Dies hat seinen Grund in der Vielzahl der Organe in Platons Stadt-Staat. Eine Darstellung der Wahl und zum Geschäftsgang der einzelnen Organe und Beamten in eigenen, abgetrennten Artikeln, womöglich in einem anderen Abschnitt des zu entwerfenden Gesetzes, wäre der Verständlichkeit daher deutlich abträglich.

"Für eine wohlgeordnete Staatsverwaltung kommen folgende zwei Hauptpunkte in Betracht: erstens die Feststellung der Ämter und die Einsetzung derer, die sie zu verwalten haben nach Zahl und Art der Bestellung, zweitens die Zuweisung der Gesetze an die einzelnen Behörden, also die Erledigung der Frage, welche Gesetze (...) in die Hand der einzelnen Behörden gelegt werden sollen."[47] Ziel des

---

[47]   Platon, Gesetze 751, S. 174.

Platonischen Stadt-Staates ist, wie oben bereits dargelegt, gerade die Verhinderung der Konzentration von Macht in den Händen eines Einzelnen. Daher überrascht es nicht, dass ein machtpolitisch exponierter Posten wie der eines Bürgermeisters überhaupt nicht seinen Vorstellungen entspricht und demzufolge in seinem Stadt-Staat auch nicht zu finden ist. Organe und Ämter werden grundsätzlich nach dem Kollegialprinzip besetzt, die einzige Ausnahme stellt der Leiter des Erziehungswesens dar, der die Aufsicht über die Behörden für musische und gymnastische Erziehung innehat. Somit ist diese einzige Ausnahme vom Kollegialprinzip auch nicht per se ein politisches Amt.

2.3.1 Parallelen zur Bayerischen Gemeindeordnung

Eine Parallele zur Bayerischen Gemeindeordnung besteht darin, dass auch Platon in seinem Stadt-Staat die gemeindlichen Aufgaben auf verschiedene Organe und Fachkräfte verteilt sehen will. Selbstverständlich ist auch hier nicht der moderne Maßstab eines beispielsweise studierten Verwaltungsbeamten anzulegen, wie er aus Artikel 42 Abs. 1 und 2 Nrn. 1 und 2 GO hervorgeht. Eine solche Form der Ausbildung gab es zu Platons Zeiten schließlich nicht. Vielmehr soll der nötigen Kompetenz der Amtsträger durch Wahl, Eignungsprüfung und anschließende Amtsführungsprüfung Rechnung getragen werden.

2.3.2   Volksversammlung

Zwar gibt es in der Bayerischen Gemeindeordnung kein Organ, das der Volksversammlung in Platons idealem Stadt-Staat gleichkommt. Eine sinngemäße Parallele ist jedoch dann zu finden, wenn man auf die Artikel zum *Mitberatungsrecht* (Art. 18 GO), *Bürgerbegehren und Bürgerentscheid* (Art. 18a GO) und *Bürgerantrag* (Art. 18b) abstellt und somit die Rechte und Pflichten der Gemeindebürger in den Blick nimmt. Die Volksversammlung ist die Versammlung aller Bürger. Bei Geldstrafe zur Teilnahme verpflichtet sind nur die Angehörigen der beiden oberen Vermögensklassen[48], es sei denn der geschäftsführende Teil des Rates, Prytanen[49] genannt, hat allen die Teilnahme befohlen.[50]

Die Hauptaufgabe der Volksversammlung in der Gesetzesstadt liegt bei der Wahl der zahlreichen Beamten.[51] So werden der Rat, die Gesetzeswächter, die sicherheitsrechtlichen Aufseher, die militärischen Führer sowie die Hauptmänner der Reiter, der Schwer- und Leichtbewaffneten und auch sakrale Ämter von diesem Gremium gewählt. Zudem stimmt die Versammlung aller

---

[48]   Hierzu ist anzumerken, dass diese Regelung wohl der damaligen Realität in Athen entsprungen ist, dass sich die reicheren Bürger größtenteils aus der politischen Willensbildung verabschiedet hatten, da sie zahlenmäßig den ärmeren Schichten deutlich unterlegen waren und somit kaum Chancen hatten, gegen die große Mehrheit der ärmeren Bürger ihren Willen durchzusetzen. Platon versucht somit alle und besonders auch die gebildeteren reichen Schichten in das Staatswesen zu reintegrieren.

[49]   'Vorsteher', Vergleiche 'Prytanen', in: Der Kleine Pauly, Band 4, S. 1206.

[50]   Siehe Platon, Gesetze 746, S. 192.

[51]   Siehe Platon, Gesetze 753-760, S. 176-187.

Bürger bei Gefahren von außen über Krieg und Frieden ab. Nicht zu vergessen hat die Versammlung aller Bürger das Initiativrecht bei Anklagen wegen Verbrechen gegen das Gemeinwesen[52] - wie zum Beispiel Hochverrat - und letztendlich spricht sie hierzu per Mehrheitsbeschluss auch das Urteil über Schuld oder Unschuld.[53]

Bemerkenswert ist an dieser Stelle auch, dass Platon den Bürgern seines Stadt-Staates das Recht zugesteht, in erster Instanz in Privatstreitigkeiten das Urteil zu sprechen.[54] Es sollen sich die streitenden Parteien selbst nämlich zuerst ein Schiedsgericht aus ihrem Umfeld wählen. Somit kann prinzipiell jeder Bürger in privatrechtlichen Streitigkeiten als Richter auftreten.

2.3.3   Rat

Eine weitere begriffliche Parallele findet sich beim zweiten Organ des Platonischen Stadt-Staates, dem Gremium des Rates. Der Rat besteht in Platons idealem Stadt-Staat aus 360 Mitgliedern, jeweils 90 pro Vermögensklasse. Wählbar ist jeder Bürger nach Vollendung des 30. Lebensjahres. Das Wahlverfahren[55] ist eine Mischung aus einer mehrstufigen Wahl – zunächst werden 180 Bürger aus jeder Vermögensklasse gewählt - und einer abschließenden Halbierung auf je 90 durch Losung. Zur Wahl der jeweils aus den vier Klassen stammenden Kandidaten sind die

---

[52]   Siehe Platon, Gesetze 758, S. 184.
[53]   Siehe Platon, Gesetze 768, S. 197.
[54]   Siehe Platon, Gesetze 767, S. 196f.
[55]   Siehe Platon, Gesetze 756, S. 181f.

Angehörigen aller Klassen aufgerufen. Da aber nur die beiden oberen Klassen bei Geldstrafe zur Teilnahme verpflichtet werden und die beiden unteren Klassen bei der Wahl der Kandidaten der oberen Klassen fortbleiben dürfen, erwächst hier, zumindest in der Theorie, ein Übergewicht des Willens der oberen Klassen.[56] Die Amtszeit beträgt ein Jahr.

Neben der Führung der täglichen Geschäfte ist die zweite Hauptaufgabe des Rates der Wachdienst über den gesamten Staat. Zur Erfüllung dieser Aufgaben wird jeweils ein Zwölftel der Mitglieder des Rates für einen Monat zum geschäftsführenden Teil des Rates bestimmt. Diese geschäftsführenden Ratsmitglieder werden dann Prytanen genannt. Der Rat bildet in Platons Gesetzesstaat die Geschäftsführung und stellt somit die eigentliche Exekutive da. Er leitet grundsätzlich die Sitzungen der Volksversammlung. Zum Zwecke der Abwehr innerer und äußerer Gefahren für den Staat hat er auch das Recht, außerordentliche Volksversammlungen einzuberufen. [57]

2.3.4 Eigenheiten des Stadt-Staates

Aus Gründen des logischen Aufbaus wird im Folgenden als drittes Organ des Platonischen Stadt-Staates die Nächtliche Versammlung behandelt, weil es das letzte der mitgliederstarken Organe ist. Die im Zusammenhang mit der Nächtlichen Versammlung erwähnten Euthynen[58],

---

[56] Siehe abermals Fußnote 44.
[57] Siehe Platon, Gesetze 758, S. 184.
[58] Platon definiert die Euthynen als oberste Behörde von Rechnungsprüfern, die die Amtsführungsprüfung für alle ausscheidenden Beamten vornehmen.

Gesetzeswächter und der Leiter des Erziehungswesens werden dann im Nachgang genauer erläutert. Gleiches gilt für die Auserwählten Richter sowie die militärischen, sicherheitsrechtlichen und sakralen Beamten.

2.3.4.1 Nächtliche Versammlung

Das dritte Organ des Platonischen Stadt-Staates, die Nächtliche Versammlung, ist ein Gremium von Bürgern, das täglich vom Morgengrauen bis zum Sonnenaufgang tagt. Mitglieder dieser Versammlung sind qua Amt die zehn ältesten der 37 Gesetzeswächter und der amtierende Leiter des Erziehungswesens sowie dessen Vorgänger. Hinzu kommen noch die Euthynen. Alles Ämter, für die ein Mindestalter von 50 Jahren vorgesehen ist. Ergänzt wird die Nächtliche Versammlung noch um 'Jünglinge' zwischen dem 30. und 40. Lebensjahr. Jeder der Alten soll einen solchen, den er für würdig hält, in die Versammlung mitbringen, wird er auch von den anderen für würdig erachtet, wird er in das Gremium der Nächtlichen Versammlung aufgenommen.[59]

Die Mitglieder der Nächtlichen Versammlung müssen jedoch noch über weitere Fähigkeiten verfügen. Da ist die Kenntnis um das einzige Ziel einer guten Gesetzgebung zu nennen, nämlich die Tugend. Um die Gesamtheit der Tugend erfassen zu können benötigen sie auch Kenntnisse in der Dialektik.[60] Darüber hinaus sind theologisch-kosmologische

---

[59]   Siehe Platon, Gesetze 951f, S. 492-494 und 961, S. 507.
[60]   Philosophische Methode, die die Wahrheit durch Frage und Antwort zu ermitteln sucht. Vergleiche 'Dialektiker', in: Der Kleine Pauly. Band 1, S. 1509.

Studien erforderlich, um die im Universum waltende Vernunft zu erkennen. All diese Erkenntnisse zusammen sollen die Grundlage für die Gesetzgebung und die Erziehung abgeben.[61]

Platon bezeichnet die Nächtliche Versammlung als Anker des Stadt-Staates, der zur Rettung der gegebenen Gesetze dienen soll. Die Versammlung dient als Überwacher und Bewahrer der Gesetze. Jedoch nimmt sie auch, sollte es doch einmal für notwendig erachtet werden, die nötigen Gesetzesänderungen vor. Zu diesem Zweck werden auch Beobachter – für würdig erachtete Bürger zwischen dem 40. und 50. Lebensjahr - in andere Staaten entsandt, um über die überwiegend schlechten, manchmal jedoch auch guten und nachahmenswerten Gesetze anderer Staaten zu berichten und zu beraten. Dieses Recht der Änderung der ursprünglich gegebenen Gesetze steht exklusiv dem Gremium der Nächtlichen Versammlung zu.[62]

Die Nächtliche Versammlung ist im platonischen Gesetzesstaat somit eindeutig als die Legislative mit verfassungsändernder Kompetenz definiert. Diese Kompetenz gegenüber den ursprünglich gegebenen Gesetzen steht der Nächtlichen Versammlung exklusiv zu. Im verfassungsrechtlichen Bereich wird in Platons idealem Stadt-Staat kein anderes Organ oder Amt Kompetenzen erhalten, nicht einmal initiativ, beratend oder auch nur sitzungsleitend.

---

[61] Siehe Platon, Gesetze 961-967, S. 507-518.
[62] Siehe Platon, Gesetze 961-967, S. 507-519.

2.3.4.2 Euthynen

Die Euthynen sind in Platons Stadt-Staat die Behörde, vor der alle im Folgenden noch zu besprechenden Beamten Rechenschaft abzulegen haben. Im Nachgang der Amtszeit grundsätzlich, aber auch schon während der Amtszeit, falls es zur Anklage eines Amtsträgers durch einen Bürger kommen sollte. Besetzt werden soll dieses Gremium durch die Wahl von Bürgern von höchster sittlicher Tugendhaftigkeit, als Mindestalter werden 50 Jahre vorausgesetzt. Jeder Bürger darf drei Menschen, die er für würdig hält, zur Wahl vorschlagen. Die Hälfte mit den meisten Stimmen bleibt im Rennen, die Hälfte mit den wenigsten Stimmen scheidet aus der Wahl aus. Dieser Vorgang wird solange wiederholt, bis nur noch drei übrigbleiben. Bei Stimmengleichheit entscheidet das Los. Im ersten Jahr sollen derer zwölf gewählt werden, danach jedes Jahr drei weitere hinzu. Dieses Gremium soll die Aufsicht über die Beamten *"mit einer Strenge führen, die ihre Grenze nur findet in der Würde eines freien Mannes."*[63] Euthynen bleiben bis zur Vollendung des 75. Lebensjahres im Amt.[64]

Sollte sich aber ein Beamter ungerecht beurteilt fühlen, so hat er das Recht, das Urteil der Euthynen vor dem Obersten Gerichtshof des Stadt-Staates, den sogenannten Auserwählten Richtern – ein Gremium, das im Folgenden noch behandelt wird - überprüfen zu lassen. Sollte der Kläger Recht bekommen, so kann er seinerseits die ihn beurteilt habenden Euthynen verklagen. Genauere Aussagen zum

---

[63]   Platon, Gesetze 946, S. 486.
[64]   Siehe Platon, Gesetze 945-946, S. 484-486.

Prozedere macht Platon leider nicht. Sollte das ursprüngliche Urteil der Euthynen aber bestätigt werden, so verdoppelt sich die Strafe des Klägers. Zudem soll aber auch ein Amtsenthebungsverfahren gegen einen Euthynen möglich sein, der im Laufe seiner Amtszeit der Würde des Amtes nicht mehr entspricht. Jeder Bürger soll eine solche, wohlbegründete Klage einreichen dürfen. Als Richter fungiert in einem solchen Falle ein Gremium aus den Euthynen selbst, den Gesetzeswächtern und den Auserwählten Richtern. Wird der Angeklagte für schuldig befunden, so geht er des Amtes eines Euthynen verlustig und ebenso aller damit verbunden Ehren. Sollte der Kläger jedoch nicht einmal ein Fünftel der Richterstimmen für sein Anliegen erhalten, so wird er zu empfindlicher Geldstrafe verurteilt, unterschiedlich hoch je nach Vermögensklassenzugehörigkeit.[65]

2.3.4.3 Gesetzeswächter

Die Zahl der Gesetzeswächter soll 37 betragen und sie sind von allen Bürgern zu wählen. Wählbar sind alle Bürger, die das 50. Lebensjahr vollendet haben. Mit Vollendung des 70. Lebensjahres scheidet man aus dem Amt eines Gesetzeswächters aus. Die Wahl der Gesetzeswächter ist ein dreistufiges Verfahren. Zunächst darf jeder Bürger alle ihm für dieses Amt würdig erscheinenden Männer nebst seinem eigenen Namen auf jeweils einem Tontäfelchen aufschreiben und im ehrwürdigsten Tempel der Stadt zur Auslage bringen. Danach darf jeder Bürger die Täfelchen, gegen die er Einwendungen hat, aus dem Tempel fortholen und

---

[65] Siehe Platon, Gesetze 946-948, S. 486-488.

mindestens 30 Tage lang auf dem Marktplatz öffentlich ausstellen und somit zur Diskussion stellen. In einem ersten Wahlgang wird dann die Zahl der Täfelchen auf die 300 mit den meisten Stimmen reduziert, in einem zweiten Wahlgang nach demselben Muster auf 100. Nach dem finalen dritten Wahlgang werden die 37 mit den meisten Stimmen zu den gewählten Gesetzeswächtern erklärt.[66]

Die Hauptaufgabe der Gesetzeswächter ist die Überprüfung der schriftlichen Angaben, die ein jeder den Behörden über die Höhe seines Vermögens zu machen hat. Sollte jemand des Steuerbetrugs überführt werden reicht das Strafmaß bis zur Aberkennung des Bürgerstatus. Zudem soll das Urteil bis zum Tode der betreffenden Person öffentlich ausgestellt werden, auf dass es jedermann lesen kann.[67] Darüber hinaus hat das Gremium der Gesetzeswächter das Recht, die gegebenen Gesetze, dort wo es sich im Laufe der Jahre als notwendig herausstellt, im Detail zu ergänzen.[68] *"Ihr lieben Gesetzesbewahrer, wir werden bei unserer Gesetzgebung im Einzelnen gar vieles übersehen; das ist nun einmal unvermeidlich; doch alles wesentliche und das große Ganze werden wir nach Kräften gleichsam im Umriss vor Augen zu stellen nicht verabsäumen. An euch soll es dann sein, den Umriss auszufüllen."*[69]

---

[66] Siehe Platon, Gesetze 753-755, S. 177-179.
[67] Platon, Gesetze 754, S. 179.
[68] Siehe Platon, Gesetze 770-772, S. 200-203.
[69] Platon, Gesetze 770, S. 200.

2.3.4.4 Auserwählte Richter

Dritte und oberste Instanz in privatrechtlichen Streitigkeiten soll das Gremium der Auserwählten Richter sein. Alle Behörden, deren Amtszeit mehr als ein Jahr beträgt, sollen aus ihrer Mitte denjenigen für ein Jahr zum Richter ernennen, der *"in dem Rufe des Tüchtigsten steht und die Meinung für sich hat, dass er am besten und gewissenhaftesten die Rechtsstreitigkeiten unter seinen Mitbürgern im folgenden Jahre entscheiden werde"*[70]. Zudem sind diese Auserwählten Richter auch bei Kapitalverbrechen - wie zum Beispiel Mord, Umsturzversuch oder Hochverrat — die mit der Todesstrafe zu ahnden sind, beteiligt. Prozesse solcher Natur sollen vor einem obersten Gerichtshof verhandelt werden, der sich zusammensetzt aus den Mitgliedern der beiden Gremien der Gesetzeswächter und der Auserwählten Richter.[71]

2.3.4.5 Erziehungsbeamte und Erziehungsbehörden

Platon nennt das Amt des Leiters des Erziehungswesens das wichtigste Amt im Staate, da für ihn auch die Erziehung der Jugend die wichtigste Aufgabe im Staate ist. Er muss wiederum das 50. Lebensjahr vollendet haben und soll seinerseits Vater von Kindern sein, am besten beiderlei Geschlechts. Zu wählen ist er von den Mitgliedern aller Behörden außer des Rates und der Prytanen und zwar in geheimer Wahl. Derjenige mit den meisten Stimmen soll zum Leiter des Erziehungswesens erklärt werden. Die Amtsdauer

---

[70] Platon, Gesetze 767, S. 196-197.
[71] Platon, Gesetze 855, S. 354.

beträgt 5 Jahre. Sein Aufgabenbereich ist die Aufsicht über die Behörden für Musik und Gymnastik, somit über die Bildungsbereiche Literatur, Gesang, das Erlernen von Musikinstrumenten sowie über die körperliche Ertüchtigung und zwar sowohl über den Unterricht als auch die Wettkämpfe darin. Nicht zu vergessen ist auch die Vermittlung der Grundrechenarten.[72]

Die Behörden für Musik und Gymnastik gliedern sich erstens in solche, die den Unterricht überwachen und zweitens in solche, die den Wettkampf überwachen. Die für den Unterricht zuständigen Behörden sorgen für die Einhaltung der Regeln in den Schulen und auf den Turnplätzen, achten darauf, dass die Kinder ihrer Schulpflicht nachkommen, bestimmen das Aussehen der Schuluniformen und überwachen auch die Einhaltung dieser Kleidertracht durch die Schüler. Die Behörden für den Wettkampf überwachen die Einhaltung der Regeln bei den gymnastischen und musischen Wettkämpfen und bestimmen auch die Sieger.[73]

2.3.4.6 Militärische Wahlbeamte

Als zu wählende militärische Beamte benennt Platon die Strategen (Generäle), die Hipparchen (Reiteroberste des Stadt-Staates), Phylarchen (Reiteroberste der einzelnen Phylen) und die Taxiarchen (Oberste der schwerbewaffneten Fußtruppen der einzelnen Phylen). Zur Amtszeit der militärischen Beamten macht Platon keine Angaben.

---

[72] Siehe Platon, Gesetze 765-766, S. 194-195.
[73] Siehe Platon, Gesetze 764-765, S. 192-194.

Durchaus anzunehmen ist jedoch, dass diese auf Lebenszeit bis zum Ende des Dienstalters gewählt wurden.[74]

Die Strategen sollen auf Vorschlag der Gesetzeswächter von allen Bürgern gewählt werden. Gegenvorschläge sind erlaubt und zwar in der Form, dass jeder Bürger einen in seinen Augen Geeigneteren öffentlich vorschlagen darf und dabei denjenigen von den Gesetzeswächtern vorgeschlagenen Kandidaten, den er für ungeeignet hält, benennt. Wer von den beiden durch Handaufheben mehr Stimmen erhält, soll zur Wahl zugelassen werden. Die drei mit den meisten Stimmen bei der Wahl werden dann zu Strategen ernannt. Ihre Aufgabe ist die gesamte Verwaltung des Kriegswesens. Zudem bestimmen sie ohne Wahl die Hauptmänner der Leichtbewaffneten, der Bogenschützen sowie der sonstigen Heeresangehörigen.

Das Wahlprozedere der Hipparchen ist dem der Strategen grundsätzlich gleich. Abstimmungsberechtigt sind für sie allerdings nur die Mitglieder der Reiterei. Die zwei mit den meisten Stimmen werden zu Hipparchen ernannt.

Für die Phylarchen haben die Strategen das Vorschlagsrecht. Ansonsten entspricht die Wahl der der Hipparchen.

Auch für die Taxiarchen haben die Strategen das Vorschlagsrecht. Ansonsten entspricht ihre Wahl der der Strategen.

---

[74] Siehe Platon, Gesetze 755-756, S. 180-181.

2.3.4.7 Sicherheitsbehörden

Als erste Sicherheitsbehörde nennt Platon die Landaufseher, welche gleichzeitig die Wachmannschaftsführer sind. Jede Phyle hat jeweils fünf Landaufseher zu stellen. Genauere Angaben zur Auswahl macht Platon nicht. Als Wachmannschaft soll jeder Landaufseher sich zwölf junge Leute im Alter von 25 bis 30 Jahren auswählen. Die Amtszeit beträgt für Aufseher und Wachmannschaft zwei Jahre. Somit gibt es insgesamt sechzig Landaufseher mit jeweils zwölf Gehilfen, die jeweils im Wechsel, einen Monat lang in jeweils einer anderen Phyle Dienst zu tun haben. Dies dient dem Zweck, dass alle das ganze Gebiet des Stadt-Staates kennen lernen. Ihr Aufgabenbereich umfasst die Sicherung des Landes gegen feindliche Angriffe, Erhalt und Ausbau der Infrastruktur – Straßen, warme Bäder, öffentliche Turnhallen, Reitschulen, Brunnen, Dämme, Bewässerung der Felder, Abwassermanagement, Landschaftsplanung und -gärtnerei. Des Weiteren sind sie zuständig für die zur Stärkung des Gemeinschaftsgefühls überall abzuhaltenden gemeinsamen Mahlzeiten der Bürger. Nicht zu vergessen bilden sie als Phylengericht die zweite Instanz bei Privatstreitigkeiten und Gewaltverbrechen zwischen Bürgern und Sklaven.[75]

Die zweite Sicherheitsbehörde sind die Stadtaufseher. Ihre Aufgaben sind denen der Landaufseher gleich, nur eben bezogen auf den städtischen Teil der jeweiligen Phyle. Auch ihre Amtszeit beträgt zwei Jahre. Platon sieht drei

---

[75] Siehe Platon, Gesetze 760-762, S. 187-189.

Stadtaufseher vor, jeder zuständig für den städtischen Teil von vier Phylen. Diese sollen nur aus der obersten Vermögensklasse stammen, da Platon nur Bürgern, die sich mit Geld auskennen, dieses wichtige Amt zutraut. Jeder Bürger kann in der Volksversammlung seinen Wunschkandidaten vorschlagen. Mittels Handaufhebens wird die Zahl der Kandidaten solange halbiert, bis die Zahl auf sechs Kandidaten geschrumpft ist. Danach werden durch das Los die drei Stadtaufseher bestimmt.[76]

Als dritte Sicherheitsbehörde bleiben noch die Marktaufseher. Es sollen derer fünf gewählt werden. In Betracht kommen Bürger der obersten zwei Vermögensklassen nach demselben Verfahren wie bei den Stadtaufsehern. Die Amtszeit beträgt wieder zwei Jahre. Die Aufgaben sind wieder analog zu den Land- und Stadtaufsehern zu verstehen.[77]

2.3.4.8 Sakrale Wahlbeamte

Platon nennt mehrere sakrale Ämter. Als erstes das der Tempelpriester und -priesterinnen in den zwölf Phylen. Das Mindestalter beträgt sechzig Jahre. Diese Wahl soll zunächst der Gottheit selbst überlassen werden und daher kommt ein Losverfahren unter den Bürgern der einzelnen Phylen zur Anwendung. Eine Dokimasía wird trotzdem durchgeführt, erweitert sogar auf die Eltern des gelosten Bürgers. Die

---

[76] Siehe Platon, Gesetze 763, S. 191.
[77] Siehe Platon, Gesetze 763, S. 191-192.

Amtszeit beträgt ein Jahr.[78]

Als zweites gibt es die sogenannten Ausleger. Diese deuten die göttlichen Zeichen wie den Vogelflug oder lesen aus den Eingeweiden geschlachteter Tiere. Auch für sie gilt das Mindestalter von sechzig Jahren. Jede Phyle stellt einen Kandidaten auf, die drei mit den meisten Stimmen der Volksversammlung gelten als gewählt. Die anderen neun Kandidaten werden nach Delphi geschickt, wo aus ihnen weitere drei ausgewählt werden sollen durch Orakelspruch. Auch diese sechs gewählten Kandidaten haben sich derselben erweiterten Dokimasía zu unterziehen wie die Priester. Ihre Amtszeit ist jedoch lebenslänglich.[79]

Als drittes nennt Platon die Schatzmeister der Tempelschätze und Tempelbezirke und ihres Ertrags und Ertrags aus Verpachtungsgeschäften. Für die größten Tempel soll es drei Schatzmeister geben, für die kleineren zwei und jeweils einen für die bescheidensten. Diese sollen aus den Bürgern der höchsten Vermögensklasse nach dem gleichen Verfahren gewählt werden wie die Strategen.[80]

---

[78] Siehe Platon, Gesetze 759, S. 186.
[79] Siehe Platon, Gesetze 759-760, S 186.
[80] Siehe Platon, Gesetze 759-760, S. 186.

3. **Die Gemeindeordnung des Platonischen Stadt-Staates in Gesetzesform in Analogie zur Bayerischen Gemeindeordnung**

ERSTER TEIL
Struktur des Stadt-Staates
1. ABSCHNITT
Begriff, Stadtgebiet und Stadtbezirke

Art.1 Begriff

(1) [1]Die Stadt ist nach Gesetzen mit dem Ziel von Frieden und Wohlstand seiner Bürger eingerichtet. [2]Die Bürger haben das Recht, ihre Angelegenheiten im Rahmen der gesetzlichen Ordnung zu verwalten.

(2) Ursprung der städtischen Gemeinschaft ist das familiäre Patriarchat.

Art.2 Stadtgebiet

[1]Die Stadt ist in ausreichender Entfernung vom Meer gelegen. [2]Sie soll in der Mitte des ihr zugehörigen Landes liegen.

Art. 3 Stadtbezirke

(1) [1]Die Stadt ist in zwölf Phylen unterteilt. [2]Weitere Unterteilungen sind Phratrien, Demen und Komen.

(2) [1]Die Stadt ist in 5.040 gleichwertige Landlose unterteilt. [2]Jedes Landlos besteht aus einem stadtnahen und einem

stadtfernen Teil.

(3) Die Landlose sind so bemessen, dass sie das maßvolle und bescheidene Auskommen des Besitzers, seiner Familie und seiner Sklaven sichern.

2. ABSCHNITT

Rechte und Pflichten der Stadtbewohner

Art. 4 Bürger, Metöken, Sklaven

[1]Bewohner der Stadt sind Bürger, Metöken und Sklaven. [2]Bürger sind alle in der Stadt geborenen Freien, die ihren Wehrdienst geleistet haben oder leisten. [3]Männer verrichten ihren Wehrdienst vom 20. bis zur Vollendung des 60. Lebensjahres, Frauen vom 30. bis zur Vollendung des 50. Lebensjahres. [4]Metöken sind die ständig in der Stadt ansässigen Fremden. [5]Sklaven sind Kriegsgefangene, die in den Häusern der Bürger als Diener arbeiten.

Art. 5 Wahlrecht

Die Bürger der Stadt wählen in der Volksversammlung nach unterschiedlichen Verfahren die zu besetzenden politischen Ämter und Beamten.

Art.6 Rechtsprechung in Privatstreitigkeiten

Jeder Bürger der Stadt kann als Richter eines von den streitenden Parteien erwählten Schiedsgerichts in Privatstreitigkeiten Recht sprechen.

Art. 7 Vermögens- und Steuerklassen

(1) [1]Es gibt vier Vermögensklassen. [2]Die erste Klasse reicht vom Wert des Landloses bis zum Wert kleiner des Doppelten des Landloses. [3]Die zweite Klasse reicht vom doppelten Wert des Landloses bis zum Wert kleiner des Dreifachen des Landloses. [4]Die dritte Klasse reicht vom dreifachen Wert des Landloses bis zu einem Wert kleiner des Vierfachen des Landloses. [5]Die vierte Klasse beginnt bei dem Wert des Vierfachen des Landloses. [6]Der Auf- oder Abstieg zwischen den Vermögensklassen ist möglich.

(2) Alle Werte, die innerhalb einer Vermögensklasse über dem Eingangswert der jeweiligen Vermögensklasse liegen, sind als Steuer abzuführen.

Art. 8 Regionalwährung

Eine Regionalwährung, die nur in der Stadt ihren Wert hat, ist zum Zwecke des unvermeidlichen Geschäftsverkehrs einzuführen.

ZWEITER TEIL
Aufgaben des Stadt-Staates
1. Abschnitt
Eudaimonie

a) Eudaimonie der Stadt

Art. 9 Gesetzmäßigkeit als Garant der Freiheit

[1]Das Gesetz sichert die Freiheit der Bürgerschaft. [2]Durch Bindung an das Gesetz wird Amtsmissbrauch und

Behördenwillkür verhindert. [3]Dokimasía und Euthynai stellen zusätzliche Absicherungen gegen Amtsmissbrauch und Behördenwillkür dar. [4]Jeder Bürger kann Behörden oder einzelne Beamte wegen Amtsmissbrauchs anklagen.

Art. 10 Verhinderung ungeteilter Herrschergewalt

[1]Eine allzu große Machtfülle in den Händen eines Einzigen ist zu vermeiden. [2]Daher werden alle politischen Ämter nach dem Kollegialprinzip vergeben.

Art. 11 Ausgleich zwischen monarchischem und demokratischem Prinzip

[1]Die Wahl der Besten und Geeignetsten trägt dem monarchischen Prinzip der Ungleichheit der Bürger Rechnung. [2]Die Losung aus geeigneten Kandidaten entspricht dem demokratischen Prinzip der Gleichheit der Bürger. [3]Durch die Verwendung beider Methoden wird die Einheit in der Bürgerschaft gefördert.

b) Eudaimonie jedes Bürgers

Art. 12 Dauerhaftigkeit der Landlose

[1]Die Zahl der 5.040 Landlose ist unveränderbar. [2]Das Landlos wird vom Vater an seinen Lieblingssohn vererbt. [3]Andere Söhne sollen auf Familien ohne männliche Nachkommen verteilt werden. [4]Zu viele männliche Nachkommen sollen mit ihren Familien ausgesandt werden, um neue Kolonien nach gleichem Muster zu gründen. [5]Eine Veräußerung des Landloses ist ausgeschlossen.

Art. 13 Mindestauskommen und Höchsteinkommen

[1]Die Grenze für ein menschenwürdiges Mindestauskommen der Bürger ist die Einschätzung nach dem Landlos. [2]Die Grenze für das Höchsteinkommen ist die Einschätzung nach dem vierfachen Wert des Landloses.

Art. 14 Verbot von Gold, Silber, Devisen und Zins

[1]Jedem Bewohner der Stadt ist der Besitz von Gold, Silber und auswärtigen Währungen verboten. [2]Das Leihen und Verleihen von Geld gegen Zins ist verboten.

Art. 15 Tugendhaftigkeit

(1) [1]Die Gesetzgebung ist darauf ausgerichtet, jedem Bürger den Besitz der vollen Tugend zu ermöglichen. [2]Diese Gesamttugend besteht aus den vier Einzeltugenden Weisheit, Mäßigung, Gerechtigkeit und Tapferkeit.

(2) Zur Erlangung dieser Tugenden nimmt das Erziehungswesen die zentrale Rolle in der Stadt ein.

2. Abschnitt
Erziehung

Art. 16 Ziele und Wesen der Erziehung

(1) [1]Das Ziel des Erziehungswesens ist es, Leib und Seele der Bürger so schön und trefflich zu gestalten wie möglich. [2]Die Erziehung beginnt bereits im Mutterleib und dauert bis zum Tode an. [3]Zu weiche Erziehung macht Menschen übellaunig, widerspenstig und empfindlich gegen auch die kleinste

Zumutung, zu harte Erziehung erzeugt Kriecherei, niedrige Gesinnung und Menschenfeindlichkeit.

(2) [1]Für Knaben und Mädchen besteht Schulpflicht und sie erhalten den gleichen Unterricht. [2]Aus Gründen der besseren Lernfähigkeit sind Knaben und Mädchen ab dem sechsten Lebensjahr getrennt voneinander zu unterrichten.

Art. 17 Gliederung des Unterrichts

Der Unterricht gliedert sich nach dem Alter wie folgt:
Spielerische Übungen und Unterweisungen vom 3. Lebensjahr an
Lesen und Schreiben   vom 10. bis 12. Lebensjahr
Musikinstrumente und Dichtkunst   vom 13. bis 15. Lebensjahr
Arithmetik, Geometrie, Astronomie   vom 16. bis 20. Lebensjahr
Jagen und Reiten   vom 16. Lebensjahr an

Art. 18 Lernen ein Leben lang

[1]Jeder Bürger soll bis zu seinem Tode nach der Vervollkommnung seiner vierfachen Gesamttugend streben. [2]Zu diesem Zweck soll er seinen Geist und Körper durch Übungen herausfordern und darauf achten, beide gesund zu halten.

DRITTER TEIL

Organe des Stadt-Staates

Art. 19 Volksversammlung

(1) [1]Die Volksversammlung ist die Zusammenkunft aller Bürger. Sie wird geleitet und aufgelöst von den Prytanen. [2]Sie trifft sich grundsätzlich monatlich. [3]Aus schwerwiegendem Anlass können die Prytanen außerordentliche Volksversammlungen einberufen.

(2) [1]Die Volksversammlung entscheidet grundsätzlich durch Mehrheitsbeschluss. [2]Sie wählt die Vertreter politischer Ämter und Beamten nach unterschiedlichen Verfahren. [3]Sie entscheidet über Krieg und Frieden. [4]Sie leitet Anklagen bei Verbrechen gegen das Gemeinwesen ein und spricht bei solchen Anklagen auch das Urteil über Schuld und Unschuld.

Art. 20 Rat

(1) [1]Die Mitglieder des Rates werden von der Volksversammlung vorgewählt, über die endgültige Zusammensetzung entscheidet das Los. [2]Er besteht aus je 90 Mitgliedern pro Vermögensklasse. [3]Wählbar ist jeder Bürger, der das 30. Lebensjahr vollendet hat.

(2) [1]Gewählt werden von der Volksversammlung je 180 Kandidaten pro Vermögensklasse, welche durch das Los auf 90 Mitglieder je Vermögensklasse halbiert werden. [2]Die beiden oberen Vermögensklassen sind zur Teilnahme an der Wahl verpflichtet. [3]Die Amtsdauer beträgt ein Jahr.

(2) [1]Jeweils ein Zwölftel der Mitglieder ist für einen Monat geschäftsführender Teil des Rates. [2]Diese Mitglieder werden Prytanen genannt.

(3) [1]Der Rat führt die täglichen Geschäfte und erfüllt zusammen mit den anderen Behörden einen Wachdienst über die Stadt. [2]Er leitet und schließt die Sitzungen der Volksversammlung. [3]Zur Abwehr innerer und äußerer Gefahren kann er außerordentliche Volksversammlungen einberufen.

Art. 21 Nächtliche Versammlung

(1) [1]Mitglieder der Nächtlichen Versammlung sind die zehn ältesten Gesetzeswächter, der Leiter des Erziehungswesens und dessen Vorgänger sowie die Euthynen. [2]Weitere Mitglieder sind von der Nächtlichen Versammlung für würdig erachtete Bürger zwischen dem 30. und 40. Lebensjahr.

(2) Die Nächtliche Versammlung trifft sich täglich vom Morgengrauen bis zum Sonnenaufgang.

(3) [1]Die Nächtliche Versammlung ist Bewahrer und Überwacher der Gesetze. [2]Sie entsendet für würdig erachtete Bürger zwischen dem 40. und 50. Lebensjahr, um über die auswärts herrschenden Gesetze zu berichten und zu beraten. [3]Sollte eine Änderung der ursprünglichen Gesetze des Stadt-Staates nötig erscheinen, kann einzig die Nächtliche Versammlung eine solche vornehmen.

Art. 22 Euthynen

(1) [1]Die Euthynen werden von der Volksversammlung in einem mehrstufigen Verfahren gewählt. [2]Jeder Bürger kann drei Kandidaten vorschlagen. [3]Wählbar sind Bürger von höchster sittlicher Tugend nach der Vollendung des 50. Lebensjahres. [4]Durch Mehrheitsbeschluss scheidet immer die Hälfte der Kandidaten mit den wenigsten Stimmen aus. [5]Im Jahr der Stadtgründung sollen zwölf Euthynen gewählt werden, danach pro Jahr je drei dazu. [6]Die Amtsdauer reicht bis zur Vollendung des 75. Lebensjahres.

(2) [1]Die Euthynen überwachen und prüfen die Amtsführung der Beamten. [2]Sie überprüfen grundsätzlich nach dem Ende der Amtsdauer die rechtlichen und finanziellen Entscheidungen der Beamten. [3]Bei Anklage eines Bürgers gegen eine Behörde oder einzelne Beamte fungieren sie als Richter.

(3) Im Falle einer Anklage wegen eines zweifelhaften Urteils der Euthynen haben diese sich vor dem Gremium der Auserwählten Richter zu verantworten.

(4) [1]Sollte ein Mitglied der Euthynen durch seinen Lebenswandel der Würde des Amtes verlustig gehen, kann ein jeder Bürger ihn diesbezüglich anklagen. [2]Über einen Ausschluss entscheidet ein Gremium aus den übrigen Euthynen und den Auserwählten Richtern.

Art. 23 Gesetzeswächter

(1) [1]Die Gesetzeswächter werden von der Volksversammlung in einem dreistufigen Verfahren gewählt. [2]Wählbar sind Bürger, die das 50. Lebensjahr vollendet haben. [3]Jeder Bürger kann einen Kandidaten vorschlagen, indem er dessen Namen auf ein Tontäfelchen schreibt und dieses im ehrwürdigsten Tempel der Stadt zur Auslage bringen.[4]Jeder Bürger kann Täfelchen, gegen die er Einwendungen macht, fortholen und 30 Tage lang auf dem Marktplatz öffentlich ausstellen und zur Diskussion stellen.

(2) [1]In einem ersten Wahlgang wird die Zahl der Täfelchen auf die 300 mit den meisten Stimmen reduziert, in einem zweiten Wahlgang nach demselben Verfahren auf 100. [2]Nach dem dritten Wahlgang werden die 37 Kandidaten mit den meisten Stimmen zu Gesetzeswächtern erklärt. [3]Die Amtsdauer reicht bis zur Vollendung des 70. Lebensjahres.

(3) [1]Die Gesetzeswächter überprüfen die schriftlichen Angaben, die ein jeder Bürger über die Höhe seines Vermögens zu machen hat. [2]Sie haben auch das Recht, die Rahmengesetzgebung durch weitere Gesetze zu ergänzen.

Art. 24 Auserwählte Richter

(1) Alle Behörden, deren Amtszeit mehr als ein Jahr beträgt, ernennen aus ihrer Mitte den Geeignetsten für ein Jahr zum Auserwählten Richter.

(2) [1]Die Auserwählten Richter entscheiden in Privatstreitigkeiten als dritte und oberste Instanz. [2]Bei

Prozessen über Kapitalverbrechen wie Mord oder Hochverrat, die mit der Todesstrafe belegt sind, urteilen sie zusammen mit den Gesetzeswächtern.

Art. 25 Erziehungsbeamte und Erziehungsbehörden

(1) [1]Der Leiter des Erziehungswesens wird von den Mitgliedern aller Behörden in geheimer Wahl gewählt, mit Ausnahme des Rates. [2]Wählbar ist jeder Bürger, der das 50. Lebensjahr vollendet hat. [3]Er soll selbst Vater von Kindern sein, am besten beiderlei Geschlechts.

(2) [1]Derjenige mit den meisten Stimmen wird zum Leiter des Erziehungswesens. [2]Die Amtszeit beträgt fünf Jahre.

(3) [1]Der Leiter des Erziehungswesens führt die Aufsicht über die Behörden für Musik und Gymnastik. [2]Er trägt Sorge für die korrekte Auslegung der Lehrpläne in den musischen Künsten, Grundrechenarten sowie körperlicher Ertüchtigung.

(4) [1]Die Behörden für Musik und Gymnastik gliedern sich in solche, die den Unterricht überwachen und in solche, die den Wettkampf überwachen. [2]Die Behörden für den Unterricht sorgen für Ordnung und Zucht in den Schulen und auf den Turnplätzen, achten auf den regelmäßigen Unterrichtsbesuch und die Einhaltung der Kleidertracht durch die Schüler. [3]Die Behörden für den Wettkampf überwachen die Einhaltung der Regeln bei den gymnastischen und musischen Wettkämpfen und entscheiden über den Sieg.

Art. 26 Militärische Beamte

(1) [1]Die Strategen werden auf Vorschlag der Gesetzeswächter von der Volksversammlung gewählt. [2]Jeder Bürger kann einen Gegenvorschlag vorbringen. [3]Dieser ist mit dem Namen dessen zu nennen, der für ungeeignet gehalten wird. [4]Durch Handaufheben wird entschieden, wer von den beiden zur Wahl zugelassen wird.

(2) Die drei mit den meisten Stimmen werden zu Strategen ernannt.

(3) [1]Die Aufgabe der Strategen ist die gesamte Verwaltung des Kriegswesens. [2]Zudem bestimmen sie die Hauptmänner der Leichtbewaffneten, der Bogenschützen sowie der sonstigen Heeresangehörigen.

(4) [1]Das Wahlprozedere der Hipparchen entspricht dem der Strategen. [2]Abstimmungsberechtigt sind nur die Mitglieder der Reiterei.

(5) Die zwei mit den meisten Stimmen werden zu Hipparchen ernannt.

(6) [1]Die Phylarchen werden auf Vorschlag der Strategen gewählt. [2]Im Übrigen entspricht das Wahlprozedere dem der Hipparchen.

(7) [1]Die Taxiarchen werden auf Vorschlag der Strategen gewählt. [2]Im Übrigen entspricht das Wahlprozedere dem der Strategen.

Art. 27 Sicherheitsbeamte

(1) [1]Jede Phyle hat fünf Landaufseher zu stellen. [2]Jeder Landaufseher wählt zwölf Bürger im Alter von 25 bis 30 Jahren und bildet mit diesen zusammen eine Wachmannschaft. [3]Die Amtszeit der Wachmannschaften beträgt zwei Jahre. [4]Jede Wachmannschaft soll im monatlichen Wechsel in einer anderen Phyle Dienst tun.

(2) [1]Die Wachmannschaften sind zuständig für den Ausbau und Erhalt der Wehranlagen sowie der gesamten Infrastruktur. [2]Sie halten die gemeinsamen Mahlzeiten der Bürger ab. [3]Sie bilden als Phylengericht die zweite Instanz in privatrechtlichen Streitigkeiten.

(3) [1]Die drei Stadtaufseher werden von der Volksversammlung in einem mehrstufigen Verfahren gewählt. [2]Jeder Bürger kann einen Kandidaten vorschlagen. [3]Wählbar sind alle Bürger der höchsten Vermögensklasse.

(4) Mittels Handaufhebens wird die Zahl der Kandidaten solange halbiert, bis nur noch sechs übrig sind. [5]Danach entscheidet das Los. [6]Die Amtszeit beträgt zwei Jahre.

(5) Die Aufgaben der Stadtaufseher entsprechen denen der Landaufseher, bezogen auf den städtischen Raum.

(6) [1]Die fünf Marktaufseher werden nach dem gleichen Verfahren gewählt wie die Stadtaufseher. [2]Wählbar sind alle Bürger der obersten zwei Vermögensklassen. [3]Die Amtszeit beträgt zwei Jahre.

(7) Die Aufgaben der Marktaufseher entsprechen denen der Landaufseher, bezogen auf die Marktplätze.

Art. 28 Sakrale Beamte

(1) [1]Der Tempelpriester der jeweiligen Phyle wird durch das Los bestimmt. [2]Zur Losung stehen alle Bürger, die das 60. Lebensjahr vollendet haben. [3]Die Dokimasía ist auch auf die Eltern des Erlosten anzuwenden. [4]Die Amtszeit beträgt ein Jahr.

(2) [1]Die Ausleger werden durch ein mehrstufiges Verfahren bestimmt. [2]Die Volksversammlung wählt aus den jeweils Vorgeschlagenen der zwölf Phylen. [3]Die drei mit den meisten Stimmen sind direkt zu Auslegern ernannt. [4]Aus den anderen neun werden in Delphi durch Orakelspruch weitere drei Ausleger ausgewählt. [5]Die Dokimasía ist auch bei den gewählten Auslegern anzuwenden.[6]Die Ausleger werden auf Lebenszeit ernannt.

(3) [1]Die Tempelschatzmeister der zwölf Phylen werden nach demselben Verfahren gewählt wie die Strategen. [2]Wählbar sind alle Bürger der obersten Vermögensklasse. [3]Je nach Größe der Tempel soll es drei, zwei oder einen Tempelschatzmeister in den Phylen geben.

4.   Zusammenfassung

Nachdem nun die angestrebte Text- und Gesetzesanalyse, sowie die Erstellung einer Gemeindeordnung des Platonischen idealen Stadt-Staates im Verhältnis und analog zur Bayerischen Gemeindeordnung abgeschlossen ist, kann als Ergebnis Folgendes festgehalten werden:

Da der Platonische Stadt-Staat ein Staat an sich ist und nicht eingebettet in ein übergeordnetes Staatswesen, finden sich in Bezug auf seine Struktur keinerlei Normen, die denen zu *Gemeindefreie Gebiete* entsprechen (Art. 10a-14 GO). Zwar taucht der Begriff *Gemeindegebiet* (Art. 10 GO) bei Platon auf, jedoch ist dieser anders zu verstehen, nämlich im Sinne topographischer Angaben zur bestmöglichen Lage des Stadt-Staates.

Eine echte Parallele findet sich bezüglich der Einteilung in *Stadtbezirke* (Art. 60 GO), bei Platon Phylen genannt. Gleiches gilt für den kompletten 4. Abschnitt des Ersten Teils der Bayerischen Gemeindeordnung, wo die *Rechte und Pflichten der Gemeindeangehörigen* definiert werden. Platon thematisiert und definiert den *Bürgerbegriff* (Art. 15 GO) in Verbindung mit dem *Wahlrecht* (Art. 17 GO), macht Aussagen zum höchsten Tugendpreis seiner Stadt, welcher analog zum *Ehrenbürgerrecht* (Art.16 GO) verstanden werden kann und macht sinngemäß Aussagen über *Ehrenamtliche Tätigkeit* (Art. 19 GO), *Sorgfaltspflicht* (Art. 20 GO), zur bei ihm nicht vorhandenen *Entschädigung* (Art. 20a GO) und zur *Benutzung öffentlicher Einrichtungen* (Art. 21 GO). Die modernen Begrifflichkeiten *Mitberatungsrecht* (Art. 18 GO),

Bürgerbegehren (Art. 18a GO) und *Bürgerantrag* (Art. 18b GO) thematisiert er im Zusammenhang mit dem Organ der Volksversammlung.

Als Eigenheiten des Platonischen Stadt-Staates ist zu nennen, dass jeder Bürger als Teil eines Schiedsgerichts als unterste Instanz in Privatstreitigkeiten Recht sprechen kann. Des Weiteren die Einführung der vier Vermögens- und Steuerklassen, die Bedeutung haben für die Besetzung mancher Ämter. Und schließlich auch die Einführung einer Regionalwährung.

Große Unterschiede zwischen der Bayerischen Gemeindeordnung und dem Platonischen Stadt-Staat sind beim Bereich Aufgaben festzustellen. Da kein übergeordnetes Staatswesen existiert, entfallen bei Platon jegliche Überlegungen zu *Kreisangehörigkeit und Kreisfreiheit* (Art. 5 GO), *Eingliederung in den Landkreis; Große Kreisstadt* (Art. 5a GO), *Übertragene Angelegenheiten* (Art. 8 GO) und *Weitere Aufgaben der kreisfreien Gemeinden und Großen Kreisstädte* (Art. 9 GO). Gleiches gilt demzufolge auch für die Artikel zur *Geheimhaltung* (Art. 56a GO) und zu den *Aufgaben des übertragenen Wirkungskreises* (Art. 58 GO).

Parallelen zur Bayerischen Gemeindeordnung finden sich dagegen in den Artikeln über *Allseitiger Wirkungskreis* (Art.6 GO), über *Eigene Angelegenheiten* und *Aufgaben des eigenen Wirkungskreises* (Art. 7, 57 GO). Diese sind sinngemäß fast vollständig übertragbar auf Platons idealen Stadt-Staat. Gleiches gilt auch für die *Verwaltungs- und Finanzhoheit* (Art. 22 GO) sowie das *Ortsrecht* (Art. 23 GO).

Die Artikel 24 bis 28 der Bayerischen Gemeindeordnung zu *Satzungen und Verfügungen* sind sinngemäß auf Platon anwendbar, insoweit man die Begriffe Satzungen und Verfügungen durch reguläre Gesetze ersetzt. Dies ist aber wieder in dem Kontext zu sehen, dass der ideale Stadt-Staat ein Staat an sich ist und somit seine Angelegenheiten sämtlich selbst regelt. Es gibt nur den eigenen Wirkungskreis (Art. 7 Abs.1 GO), alle Angelegenheiten und Aufgaben sind Angelegenheiten und Aufgaben der örtlichen Gemeinschaft (Art. 7 Abs. 1, Art. 57 Abs. 1 Satz 1 GO) und der ideale Stadt-Staat handelt durch seine Organe nach eigenem Ermessen (Art. 7 Abs. 2 Satz 1 GO).

Maßgebend für die Darstellung der Aufgaben des Platonischen Stadt-Staates in Gesetzesform waren daher seine Eigenheiten, allen voran das Ziel der Eudaimonie, der Glückseligkeit des Stadt-Staates an sich und ebenso seiner Bürger. Für das Individuum bedeutet das, dass die Gesetzgebung darauf ausgerichtet sein muss, ihm den Besitz der Gesamttugend, bestehend aus den vier Einzeltugenden Weisheit, Mäßigung, Gerechtigkeit und Tapferkeit, zu ermöglichen. Zu diesem Zweck soll im neu zu gründenden Stadt-Staat zum einen die Erziehung eine zentrale Position einnehmen. Zum anderen werden auch äußere Bedingungen geschaffen, die den Erwerb der Tugend begünstigen sollen. So wird der Privatbesitz von Gold und Silber sowie der Geldverleih gegen Zins verboten. Auch die Veräußerung des Landloses ist untersagt, was nach modernem Verständnis einem bedingungslosen Grundeinkommen gleichkommt. Dazu kommt das Verbot von Handel und Gewerbe, Geldverleih gegen Zins sowie Erwerbstätigkeit generell für die Bürger des

Stadt-Staates oder auch die Beschränkung der Höhe des Vermögens in der vierten Vermögensklasse auf das Vierfache der untersten Klasse. Zudem tragen die Gesetzmäßigkeit und die Verhinderung ungeteilter Herrschaft zur Eudaimonie des gesamten Stadt-Staates bei.

Bezüglich der Organe besteht eine Parallele zur Bayerischen Gemeindeordnung darin, dass auch Platon in seinem Stadt-Staat die gemeindlichen Aufgaben auf verschiedene Organe und Fachkräfte verteilt sehen will. Eine sinngemäße Parallele zur Volksversammlung ist dann zu sehen, wenn man auf die Artikel zum *Mitberatungsrecht* (Art. 18 GO), *Bürgerbegehren und Bürgerentscheid* (Art. 18a GO) und *Bürgerantrag* (Art. 18b) abstellt und somit die Rechte und Pflichten der Gemeindebürger in den Blick nimmt. Eine weitere begriffliche Parallele findet sich beim Gremium des Rates.

Organtechnische Eigenheiten stellen bei Platon die Nächtliche Versammlung, die Euthynen, die Gesetzeswächter, die Auserwählten Richter, die Erziehungsbeamten, die militärischen Beamten, die Sicherheitsbehörden und die sakralen Beamten dar. Dabei erscheinen uns aus heutiger Sicht einige dieser 'Behörden' durchaus vertraut. So könnte man die Euthynen einem Rechnungshof gleichsetzen, vor dem jeder Beamte seine Amtsgeschäfte zu verantworten hat. In den Gesetzeswächtern könnte man das Finanzamt sehen, muss doch ein jeder Bürger vor ihnen seine Vermögensverhältnisse offenlegen und Steuern entsprechend deren Urteil entrichten. Und auch die Sicherheitsbehörden kommen uns bekannt vor, erstreckt sich ihr Aufgabenbereich doch von der allgemeinen inneren Verwaltung einer Kommune über polizeiliche bis hin zu richterlichen Befugnissen.

Quellenverzeichnis

<u>Primärtexte</u>

Gemeindeordnung für den Freistaat Bayern

Platon: Gesetze. Übersetzt und erläutert von Otto Apelt. Hamburg: Felix Meiner Verlag, Unveränderter Nachdruck 2004
(*zitiert:* Platon, Gesetze)

<u>Sekundärliteratur</u>

Höffe, Otfried: Zur Analogie von Individuum und Polis, in: Höffe, Otfried (Hrsg.): Klassiker Auslegen, Band 7, 1997. (*zitiert:* Höffe, Analogie)

Der Kleine Pauly, Lexikon der Antike [in 5 Bänden] auf der Grundlage von Pauly's Realencyclopädie der classischen Altertumswissenschaft unter Mitwirkung zahlreicher Fachgelehrter, bearbeitet und herausgegeben von Konrat Ziegler und Walther Sontheimer. München: Deutscher Taschenbuch Verlag, 1979 (*zitiert:* Der Kleine Pauly)

Knoll, Manuel: Die distributive Gerechtigkeit bei Platon und Aristoteles, in: Zeitschrift für Politik 2010/1 (*zitiert:* Knoll, Die distributive Gerechtigkeit)

Ottmann, Henning: Geschichte des politischen Denkens. Die Griechen. Von Platon bis zum Hellenismus. Stuttgart · Weimar: J. B. Metzler 2001 (*zitiert:* Ottmann, Von Platon bis zum Hellenismus)

Schöpsdau, Klaus: Platon. Nomoi (Gesetze). Buch I-III.

Übersetzung und Kommentar von Klaus Schöpsdau, in: Heitsch, Ernst/Müller, Carl Werner (Hrsg.): Platon. Werke. Übersetzung und Kommentar. Band IX 2. Nomoi Buch I-III. Göttingen: Vandenhoeck & Ruprecht, 1994 (*zitiert:* Schöpsdau, Nomoi)

56